AF358251

12 décembre 1898

VENTE

Après Décès de M. R***

MEUBLES D'ART

Tapisseries Anciennes

TABLEAUX ANCIENS ET MODERNES

Marbres et Bronzes

Mᵉ RAOUL CAVEROC, Commissaire-Priseur

A Paris, rue Lafayette, 52

IMPRIMERIE MAULDE ET RENOU

MAULDE, DOUMENC & Cie

IMPRIMEURS DE LA COMPAGNIE DES COMMISSAIRES-PRISEURS

Rue de Rivoli, 144. -- Paris

CATALOGUE

DES

MEUBLES D'ART

Meubles Anciens

TAPISSERIES DU XVIIE SIÈCLE

Tableaux Anciens et Modernes

MARBRES & BRONZES, MEUBLES ANGLAIS

Dont la vente aux enchéres publiques

APRÈS DÉCÈS DE M. R***

AURA LIEU

HOTEL DROUOT — SALLE N° 1

Les Lundi 12 et Mardi 13 Décembre 1898, à 2 heures

PAR LE MINISTÈRE

De Me Raoul **CAVEROC**, Commissaire-Priseur

A Paris, rue Lafayette, 52

EXPOSITIONS

PARTICULIÈRE	PUBLIQUE
Le Samedi 10 Décembre 1898	Le Dimanche 11 Décembre 1898

DE UNE HEURE ET DEMIE A SIX HEURES

CONDITIONS DE LA VENTE

—

Elle se fera au comptant.

Les Acquéreurs paieront CINQ POUR CENT en sus des adjudications.

Les expositions mettant le public à même de se rendre compte de l'état et de la nature des objets, il ne sera admis aucune réclamation une fois l'adjudication prononcée.

MAULDE, DOUMENC et Cⁱᵉ, imp. de la Compagnie des Commissaires-Priseurs, rue de Rivoli, 144.   1000—77756

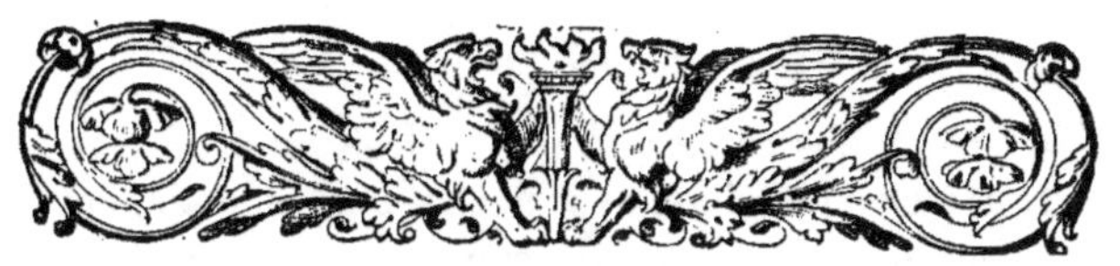

Désignation des Objets

TAPISSERIES ANCIENNES

1 — *Instruction du roi sur la manière de monter à
cheval :* Panneau en tapisserie de Bruxelles. Signée :
E. Leynier ; d'après les cartons de Crispin de Passe
(1625).

> Haut. : 3ᵐ,80 ; Larg. : 2ᵐ,90.

2 — *Instruction du roi sur la manière de monter à
cheval :* Panneau en tapisserie de Bruxelles, même
suite. Signée : H. Reydams ; d'après les cartons de
Crispin de Passe (1625).

> Haut. : 3ᵐ,80 ; Larg. : 3ᵐ,15.

3 — *Mars, Vénus et Mercure :* Grande tapisserie de
Bruxelles. Signée : H. Reydams.

> Haut. : 3ᵐ,55 ; Larg. : 3ᵐ,80.

4 — Grande tapisserie flamande : Oiseaux dans un
parc.

> Haut. : 2ᵐ,90 ; Larg. : 2ᵐ,75.

MEUBLES

5 — Meuble de style Louis XVI, à deux corps, le bas
formant commode, le corps du haut supporté par

des Amours, en acajou moiré de Saint-Domingue,
intérieur à l'anglaise avec tiroirs en citronnier, marqueterie de bois, médaillon et garnitures en bronze,
pieds à croisillon avec motif « panier » finement
ciselé et doré.

6 — Commode de style Louis XV, à deux tiroirs, en bois
de violette et bois satiné avec marqueterie, dessus
de marbre, garnitures de bronzes finement ciselés et
dorés.

7 — Grand Bureau de style Régence, ébénisterie fine
en bois d'amarante et marqueterie de bois satiné et
violette, garnitures de bronzes finement ciselés sur
les modèles de DASSON. (Copie du Bureau de Com-
piègne.)

8 — Console de style Louis XVI, dite Marie-Antoinette,
en acajou à dessus de marbre, garnie de bronzes
dorés, modèles de Dasson. (Copie d'une console du
Château de Fontainebleau).

9 — Bureau à cylindre style Louis XVI, en acajou à
dessus de marbre avec galerie, garnitures en bronzes
dorés.

10 — Vitrine Louis XVI en acajou, tablette d'entre
jambes, garnitures et ornements en bronzes ciselés
et dorés ; plafond en glace bombée.

11 — Petit Bahut Louis XV, galbé, vernis Martin, bois
des Iles, violette et satiné, avec bronzes dorés.

12 — Vitrine Louis XV, galbé, avec glaces, bois des
Iles, ornée de bronzes dorés.

13 — Grande Vitrine de style Louis XIV, en bois sculpté
et doré, d'après les compositions de LEPAUTRE.

14 — Bahut en noyer à deux corps, époque Henri II.
Provient de la vente FOURDINOIS.

15 — Armoire à glace de FOURDINOIS, de style Louis XVI,
en citronnier moiré, à filets, bronzes ciselés et dorés,
fronton sculpté en plein citronnier.

16 — Grand Lit de milieu de style Louis XV, à fronton
colombes, en acajou moiré, ornements en 'ronzes
ciselés et dorés, d'après les bronzes anciens du
Garde-Meuble.

17 Lit de milieu de style Louis XV, à fronton en noyer
sculpté en plein bois.

18 — Grand Lit de milieu de style Louis XVI, à pana-
ches, en bois laqué blanc. Reproduction d'ancien.

19 — Buffet de salle à manger de style Régence à deux
corps, en noyer sculpté.

20 — Buffet de même style à deux corps, en bois de
noyer, sculpté et laqué.

21 — Grand Buffet à six portes de style Henry II, en
noyer sculpté.

22 — Panneau en noyer sculpté, chimères et fleurs, avec
console et glace dans un cadre de style Louis XV
en bois sculpté. (Reproduction d'un dessin ancien
de CUVILLIES).

23 — Panneau de l'époque Louis XIII, en bois de
chêne, sculpté dans la masse.

24 — Petite Table de style Louis XVI, à feuillage de
bois sculpté et doré, dessus de marbre vert campan,
tablette d'entrejambes foncée de canne dorée.

25 — Table de style Louis XVI à pieds-de-biche cam-
brés et rubans, laquée et rehauts d'or.

26 — Petite Table à thé, garnie de bronzes ciselés et dorés, motifs « Dauphin », dessus en riche mosaïque de bois.

27 — Table à trois plateaux, style Louis XVI, en acajou moiré de Saint-Domingue, pied forme lyre, ornée de bronzes dorés.

28 — Console Louis XVI, laqué blanc, d'après un modèle ancien.

29 — Meuble Louis XIII dessus vitré en bois sculpté au burin.

SIÈGES

30 — Canapé et deux Fauteuils style Louis XVI, bois doré et tapisserie de soie d'Aubusson en point très fin ; Amours de Boucher et Animaux d'Oudry.

31 — Canapé de style Louis XV, bois sculpté guirlandes et fleurs, laqué et doré, recouvert de broché à fleurs.

32 — Canapé de style Louis XIV, bois doré, recouvert de soie ancienne (provient de la vente Beurdeley).

33 — Canapé chinois en bois doré, recouvert de soie brochée.

34 — Canapé de style Louis XV, bois doré recouvert en tapisserie d'Aubusson fond soie, point fin, « fleurs ».

35 — Chaise-longue en bois sculpté et doré, style Régence, recouvert de soie finement brodée.

36 — Bergère style Louis XVI, bois sculpté, à deux ors, recouverte de lampas, dessin « Panier de fleurs ».

37 — Grand Fauteuil style Régence, bois sculpté et doré, recouvert de lampas à fleurs. Reproduction exacte d'un modèle ancien.

38 — Fauteuil style Louis XVI, à pieds cannelés, bois
doré, modèle ovale, recouvert de lampas; décor « Panier de fleurs » et guirlandes. Reproduction d'ancien.

39 — Fauteuil de style Louis XIV, bois doré, pieds à
croisillon, recouvert de lampas vert.

40 — Fauteuil de style Louis XIV, bois sculpté et doré,
recouvert de tapisserie fine, fond soie, à fleurs d'Aubusson.

41 — Grand Fauteuil style Louis XIV, bois doré, pieds
à croisillon, recouvert de velours rouge, application
et broderies. (Reproduction modifiée du fauteuil du
Roi à Versailles).

42 — Fauteuil à médaillon style Louis XVI, bois laqué,
recouvert de velours rose.

43 — Un Canapé, un Fauteuil et une Bergère, même
bois que le précédent, mais non garnis.

44 — Marquise de style Louis XV, bois sculpté et doré,
dossier et côtés en canne dorée.

45 — Marquise de style Louis XVI, bois sculpté et
laqué blanc, recouverte en soie brochée rose.

46 — Fauteuil de style Louis XV, à médaillon, laqué
vert, rehauts or, recouvert de lampas.

47 — Fauteuil en noyer finement sculpté et rehauts or,
de style Louis XV, recouvert de lampas.

48 — Chauffe-dos, avec accotoir, de style Louis XVI, en
bois sculpté et doré, recouvert en lampas broché.
D'après un dessin ancien de DELAFOSSE.

49 — Deux Chaises Louis XV, bois doré, foncées de
canne, tirées de l'ancien.

5o — Chaise légère, forme cœur, de style Louis XVI,

bois sculpté et doré, pieds à cannelures, garnie
de lampas bleu clair.

51 — Chaise légère à arcades, de style Louis XVI, en
bois laqué vert d'eau, rehauts or, pieds à cannelures, recouverte de velours violet.

52 — Chaise légère, à palmettes, de style Louis XIV,
en bois sculpté et doré, pieds carrés, recouverte de
lampas rouge.

53 — Chaise légère, dite de transition, de style
Louis XVI, foncée de canne.

54 — Chaise légère, dite à palmette, de style Louis XIV,
bois sculpté et doré, foncée de canne dorée.

55 — Chaise de style Louis XVI, en bois très finement sculpté et doré, pieds ornés d'un panier d'œillets débordant sur les frises de la chaise dont il forme
l'ornement.

56 — Chaise de style Louis XIV, en bois laqué, foncée de canne dorée.

57 — Chaise de style Louis XVI, modèle à lyre, en bois
laqué blanc, siège garni à capiton.

58 — Deux Chaises légères, de style Louis XVI, bois
sculpté et doré, foncées de canne.

59 — Chaise légère, de style Louis XV, en bois sculpté,
modèle à œillets, à deux ors, foncée de canne dorée.

60 — Tabouret de style Louis XVI, pieds de biche en
acajou sculpté, rehauts or, reliés par une couronne
enrubannée, couvert de lampas broché, motif des
Saisons.

61 — Cinquante Bois de sièges d'époque et de styles
différents. Reproduction d'ancien. *(Sera divisé.)*

DIVERS

62 — Paravent à trois feuilles, de style Louis XV, en bois sculpté et doré, garni de brocart à fleurs.

63 — Paravent à trois feuilles à glaces, de style Louis XVI, en bois à deux ors, garni de brocart jaune.

64 — Petit Paravent à deux feuilles, de style Louis XVI, en noyer sculpté, rehauts or, avec glace et gravures.

65 — Écran bois sculpté et doré, garni de soie ancienne (copie de l'écran, aux singes).

66 — Écran de style Louis XV, avec Colombes perchées sur une couronne de roses, en bois sculpté et doré, garni d'une draperie bleue et satin vieil or, relevée par des Amours, peinture sur satin d'Edouard TOUDOUZE.

67 — Jardinière athénienne sur trois pieds, en citronnier, de style empire, ornements et guirlandes de bronze.

68 — Grande Jardinière en bois doré, avec gaîne en peluche et application de broderies.

69 — Porte-Lampe en acajou finement sculpté, style Louis XVI, miroir mobile à deux faces, parties dorées, avec lampe en bronze de RAINGO.

70 — Sellette de style Louis XVI, en acajou, garni de bronzes dorés.

71 — Un Coussin en velours de soie bleu de roi, broderies d'or et d'argent.

72 — Chevalet à manivelle, à béquille d'ivoire sculpté, garni de velours violet avec application et draperies.

73 — Traîneau hollandais, de l'époque Louis XIV, avec peintures de figures, ornements en bois sculpté et doré.

74 — Statuette en bois sculpté, *La Vierge et l'Enfant Jésus*, sur socle, époque Louis XIII.

MARBRES, BRONZES, ARMES

75 — Marbre de J. Francheschi : *La Pensée.*

76 — Groupes en marbre d'Idrac : *Premier Baiser d'amour.*

77 — Marbre de Marquest : *Cupidon.*

78 — Statuette en marbre blanc : *La Vénus de Milo.*

79 — Fût de colonne en marbre rouge.

80 — Statuette de La France : *Le Printemps.*

81 — Beau Cartel de l'époque Louis XV (attribué à Caffieri) en bronze doré.

82 — Statuette en bronze de Barbedienne : *La Diane*, de Clésinger.

83 — Miroir de style Louis XVI, bronze finement ciselé et doré, au mercure, de Fourdinois.

84 — Miroir de style Louis XVI, avec montants ornés d'enfants, en bronze argenté.

85 — Armure Maximilienne sur socle, avec épée à deux mains.

86 — Deux Hallebardes avec hampes en velours vert.

87 — Trois Rapières avec poignées en fer forgé.

TABLEAUX

88 — **Guido-Reni** (Attribué à). *Triomphe de l'Amour*.

89 — **Guido-Reni** (Attribué à). *Amour aux Narcisses*.

90 — **Guino-Reni** (Attribué à). *Allégorie de la Musique*.

91 — **Coypel** (Attribué à). *Scène Mythologique*.

92 — **Parrocel.** *Déjeûner de chasse sous Louis XV*.

93 — **Ecole de Mignard.** *Portrait présumé de Mademoiselle de Lavallière*. (Cadre en bois sculpté.)

94 — **Van Ostade** (Attribué à). *Le Chercheur de Poux*.

95 — **Rubens** (Attribué à). *Bacchus et l'Amour*.

96 — **Toudouze.** *Marché aux Fleurs sous le Directoire*.

97 — **Delance.** *Femme sur une Jetée*.

98 — **Chaperon** (Eug.). *En vedette*.

99 — **Feyen-Perrin.** *Femme au bain*.

100 — **Frère** (Th.). *Paysage de l'Egypte*.

101 — **Pecault** (Bernard). *Le Pierrot à l'Oiseau*.

102 — Panneau décoratif : *Châtelain et Châtelaine à cheval*.

103 — Panneau décoratif : *Fontaine et Fleurs*.

MEUBLES ANGLAIS

104 — Grande Cheminée anglaise en bois peint, dessin anglais, glaces biseautées, sièges en velours anglais.

105 — Bureau-Écritoire, acajou verni, intérieur à division (fabrication de Londres).

106 — Bureau-Écritoire semblable au précédent.

107 — Table-Guéridon, acajou verni (fabrication de Londres).

108 — Chaise à dossier haut, pieds Louis XV (même fabrication).

109 — Deux Bergères.

110 — Six Fauteuils, fabrication de Londres (sera divisé).

111 — Une Banquette.

112 — Armoire anglaise, bois laqué blanc, intérieur en chêne, glaces biseautées.

Une bergère, joues et dossier garnis (fabrication de Londres).

MEUBLES, OBJETS DIVERS

Meuble de salon en bois laqué, rehauts or, recouvert en damas de soie jaune, composé de : un canapé, deux fauteuils et deux chaises.

Pouff recouvert en drap, Fauteuils, Chaises.

Tabouret de piano, Support en bois noir, Tables garnies, etc.

Deux Caisses de sûreté de Fichet.

Meuble de style Henri II en noyer.

Chenets, Pendules, Candélabres, Suspension, Pied de lampe en fer forgé, Faïences anciennes et modernes, Porcelaine, Volumes, Ustensiles de cuisine, etc.